高等职业技术院校公路类专业教材

公路概论习题册

中国劳动社会保障出版社

简　介

本习题册是高等职业技术院校公路类专业教材《公路概论》的配套用书。本习题册紧扣教学要求，按照教材模块、课题顺序编排，知识点分布均衡，题型丰富，难易配置适当，有助于学生复习巩固所学知识。

本习题册由韩俊梅主编，张泓、魏会波、甄占萍参加编写。

图书在版编目（CIP）数据

公路概论习题册/韩俊梅主编. —北京：中国劳动社会保障出版社，2012
高等职业技术院校公路类专业教材
ISBN 978-7-5045-9712-0

Ⅰ.①公…　Ⅱ.①韩…　Ⅲ.①道路工程-高等职业教育-习题集　Ⅳ.①U41-44

中国版本图书馆 CIP 数据核字（2012）第 080484 号

中国劳动社会保障出版社出版发行
（北京市惠新东街 1 号　邮政编码：100029）
出 版 人：张梦欣

*

三河市潮河印业有限公司印刷装订　　新华书店经销
787 毫米×1092 毫米　16 开本　3.5 印张　83 千字
2012 年 5 月第 1 版　　2022 年 12 月第 6 次印刷
定价：7.00 元

营销中心电话：400-606-6496
出版社网址：http://www.class.com.cn
http://jg.class.com.cn

目　录

模块一　公路概述

一、填空题（请将正确答案填在空白处）

1. 公路工程由______________和______________两部分组成。

2. 公路的结构主要是由____________、____________、____________、____________、____________及____________组成。

3. 路面位于公路的____________，路基位于路面的____________，路基和路面都是公路的重要组成部分。

4. 路线工程包括____________、____________和____________三部分。

5. 公路工程基本建设程序可分为______________、____________、____________和______________四个阶段。

二、选择题（请在下列选项中选择一个正确答案并填在括号内）

1.（　　）是公路的重要组成部分，它与路面共同承受行车荷载及各种自然因素的作用。

A. 路面　　B. 路基　　C. 隧道　　D. 桥涵

2. 二级、三级、四级公路均为（　　）车道公路。

A. 四　　B. 六　　C. 二　　D. 八

3. 高速公路的最高设计速度是（　　）km/h。

A. 60　　B. 80　　C. 100　　D. 120

4. 公路的“几何标准”主要用于（　　）。

A. 确定路线几何尺寸　　B. 确定汽车的轴距

C. 结构设计　　D. 确定汽车的外廓尺寸

三、判断题（判断正误并在括号内填“√”或“×”）

1. 一般来说，公路等级越高，允许汽车安全行驶的速度越高，适应的交通量和车辆荷载越大，公路的技术水平和服务水平越高；反之，公路等级越低，允许汽车安全行驶的速度越低，公路的通行能力、车辆荷载、公路的技术水平和服务水平越低。（　　）

2. 桥梁比隧道的工程造价高。（　　）

3. 公路设计阶段一般采用二阶段设计。（　　）

4. 路线交叉不能减少交通事故，可提高车辆的通行能力。（　　）

5. 一条公路必须采用相同的等级和技术标准。（　　）

四、简答题

1．什么是公路？

2．我国公路可划分为哪几个等级？

3．公路设计阶段可分为哪三个？

4．我国公路的主要技术指标有哪些？

模块二 公路路线

课题一 公路平面线形

一、填空题（请将正确答案填在空白处）

1. 平曲线分为______________和______________两种。
2. 平面线形要素主要包括____________、____________和____________三种。
3. 圆曲线的主要技术指标是____________。
4. 圆曲线的最小半径包括______________、______________和______________。
5. 平面线形组合形式主要有_______________、_______________、_______________、______________、______________和______________六种。
6. 行车视距按行车状态不同，可分为_____________、_____________和_____________三种。

二、选择题（请在下列选项中选择一个正确答案并填在括号内）

1. （　　）是协调平面线形的主要线形要素。
   A. 圆曲线　　B. 平曲线　　C. 缓和曲线　　D. 直线
2. 公路的全超高是指（　　）上的超高。
   A. 平曲线　　B. 缓和曲线　　C. 直线　　D. 圆曲线
3. 当圆曲线半径 R 不大于（　　）m 时，应在圆曲线内侧设置加宽。
   A. 150　　B. 250　　C. 100　　D. 350
4. 积雪冰冻地区的最大超高值是（　　）。
   A. 10%　　B. 6%　　C. 8%　　D. 4%
5. （　　）过渡方式是较好的一种加宽过渡方式。
   A. 按高次抛物线　　B. 按比例
   C. 按圆曲线　　D. 按二次抛物线
6. 基本型组合形式中，平曲线部分是按（　　）进行组合的。
   A. 两条反向回旋线　　B. 回旋线—圆曲线—回旋线
   C. 圆曲线—回旋线—圆曲线　　D. 两条同向回旋线

三、判断题（判断正误并在括号内填“√”或“×”）

1. 公路平面线形中，直线段越长越好。（　　）
2. 同向圆曲线是指转向相同的曲线。（　　）

3. 有些公路转弯处可不设置圆曲线。（　）

4. 除四级公路外，其他各级公路均应设置缓和曲线。（　）

5. 公路等级越高，最大超高值越小。（　）

6. 超高缓和段设置在直线和圆曲线之间。（　）

7. 高速公路的超高过渡方式一般采用绕中间带的边缘旋转。（　）

8. 公路加宽值与行车道数量无关。（　）

9. 高速公路、一级公路应满足停车视距的要求，二级、三级、四级公路应满足会车视距的要求。（　）

四、简答题

1. 什么是平面线形？

2. 指出图 2—1 中 1、2、3 对应的线形名称。

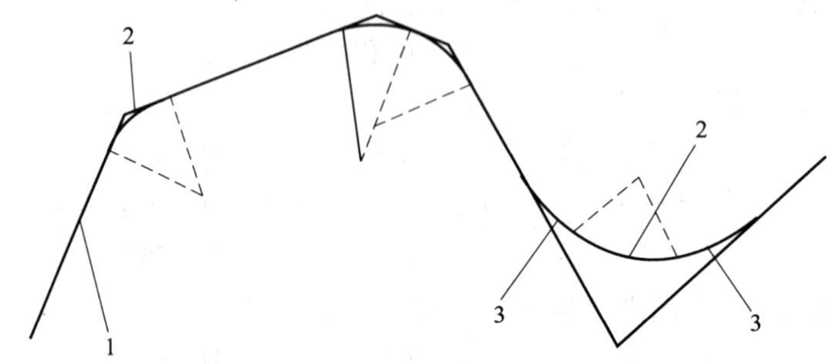

图 2—1　公路平面线形图

3. 我国标准规定了三种圆曲线最小半径，它们有什么区别？

4. 什么是超高？设置超高的条件是什么？

5. 缓和曲线的特点是什么？

6. 什么是行车视距？

课题二　公路纵断面线形

一、填空题（请将正确答案填在空白处）

1. 公路纵断面线形图上两条主要的线是______和______。
2. 设计线是由______和______组成的。
3. 纵坡是指公路沿线的______，用符号 i 表示。
4. 二级、三级、四级公路连续上坡或下坡路段的相对高差为 200 ~ 500 m 时，平均纵坡应不大于______；相对高差大于 500 m 时，平均纵坡应不大于______；且任意连续 3 km 路段的平均纵坡应不大于 5.5%。
5. 竖曲线分为______和______两种。
6.《公路工程技术标准》规定，各级公路在纵坡变坡处均应设置______。
7. 竖曲线的要素包括______、______和______。

二、选择题（请在下列选项中选择一个正确答案并填在括号内）

1. 实际设计时，竖曲线的最小长度是表中数值的（　　）或更大。

A. 1.0 ~ 2.0 倍　　B. 1.5 ~ 3.0 倍

C. 1.0 ~ 1.5 倍　　D. 1.5 ~ 2.0 倍

2.《公路工程技术标准》规定，当公路连续纵坡大于（　　）时，其纵坡坡长应加以限制。

A. 4%　　B. 5%

C. 6%　　D. 5.5%

3.《公路工程技术标准》规定，缓和坡段的纵坡坡度应不大于（　　）。

A. 6%　　B. 5%

C. 3%　　D. 4%

4. 竖曲线一般采用的线形形式是（　　）。

A. 二次抛物线　　B. 圆曲线

C. 三次抛物线　　D. 缓和曲线

三、判断题（判断正误并在括号内填“√”或“×”）

1. 公路中纵坡坡长过短，会使汽车行驶不舒适、路线不美观，因此要加以限制。（　　）
2. 公路纵坡值越小越好。（　　）
3. 平曲线上公路的合成坡度越大越好。（　　）
4. 设计竖曲线时，尽可能选用较大的竖曲线半径。（　　）
5. 平、纵线形组合时，应满足“竖包平”。（　　）

四、简答题

1. 最大纵坡限制的原因是什么？

2. 什么是平均纵坡？

3. 什么是竖曲线？

4. 公路平、纵线形组合的原则是什么？

5. 指出图 2—2 中 1、2、3、4 各部分的名称。

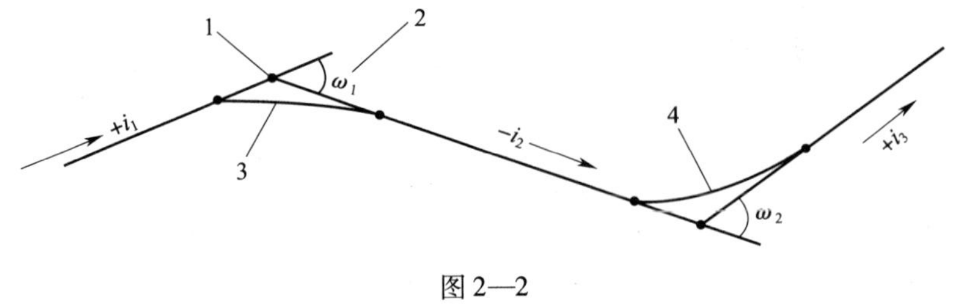

图 2—2

课题三　公路横断面

一、填空题（请将正确答案填在空白处）

1. 行车道有______________、______________和______________三种形式。

2. 路肩是位于_____________外侧边缘至______________边缘之间的部分，通常包括____________和____________两部分。

3. 中间带由____________和____________两部分组成，其作用主要是____________。

4. 路基常见的横断面有________________、________________、________________和________________四种类型。

5. 路堤按其填土高度不同，可分为______________、______________和______________三种。

6. 路堑常见的横断面形式有______________、______________和______________三种。

二、选择题（请在下列选项中选择一个正确答案并填在括号内）

1. 高速公路、一级公路与二级、三级、四级公路组成部分的主要区别是有（　　）。
   A. 路肩　　B. 中间带　　C. 边沟　　D. 边坡

2. 高速公路、一级公路最少为（　　）车道。
   A. 四　　B. 六　　C. 八　　D. 二

3. 紧急停车带的宽度包括硬路肩在内为（　　）m，有效长度应不小于 30 m。
   A. 2. 5　　B. 3. 0　　C. 3. 5　　D. 3. 75

4. 高路堤是指填土高度大于 18 m（土质）或（　　）m（石质）的路堤。
   A. 15　　B. 10　　C. 25　　D. 20

三、判断题（判断正误并在括号内填“√”或“×”）

1. 高速公路必须设置紧急停车带。 (　　)
2. 填挖结合路基是一种比较经济的断面形式。 (　　)
3. 二级、三级、四级公路均为双车道公路。 (　　)
4. 矮路堤的填土高度应小于1.5 m。 (　　)
5. 路堤的强度和稳定性比路堑好，且病害少。 (　　)

四、简答题

1. 什么是行车道？

2. 路肩的作用是什么？

3. 什么是路堤？

4. 什么是路堑？

课题四　公 路 交 叉

一、填空题（请将正确答案填在空白处）

1. 公路交叉可分为______________和______________两种类型。

2. 常见的平面交叉形式包括______________、______________、______________和______________四种。其中，______________是最常见的平面交叉形式。

3. 立体交叉按有无匝道连接相交公路，分为______________和______________两类。

4. 互通式立体交叉主要由______________、______________、______________、______________及______________等组成。

5. 匝道按转向不同，分为______________和______________两种。

6. 变速车道设在匝道与主线的连接部位，包括______________和______________。

7. 互通式立体交叉的基本形式有______________、______________、______________、______________、______________和______________等。

二、选择题（请在下列选项中选择一个正确答案并填在括号内）

1.（　　）是立体交叉的重要组成部分，是实现车流空间分离的主要构筑物。

A. 跨线桥　　B. 主线
C. 匝道　　D. 出口与入口

2.（　　）是立体交叉的重要组成部分，是连接相交公路、供左右转弯车辆行驶的公路。

A. 出口与入口　　B. 匝道
C. 变速车道　　D. 跨线桥

三、判断题（判断正误并在括号内填“√”或“×”）

1. 平面交叉与立体交叉相比，其交叉口车辆行驶速度低且通行能力低，容易发生交叉事故。（　　）

2. 平面交叉的岔路一般不得多于 3 条。 (　　)

3. 高速公路与其他公路相交时，必须采用立体交叉。 (　　)

4. 互通式立体交叉中，由主线驶出、进入匝道的路口称为出口；由匝道驶出、进入主线的路口称为入口。 (　　)

四、简答题

1. 什么是公路交叉？

2. 指出图 2—3 中 a ~ d 各属于哪种平面交叉形式。

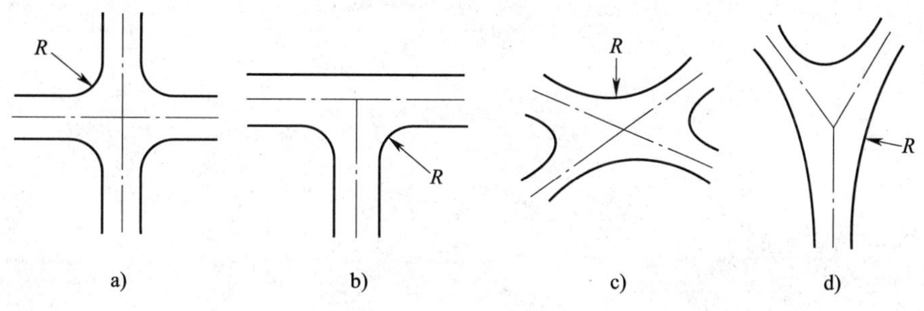

图 2—3　平面交叉形式

3．指出图 2—4 中 1、2、3、4、5、6 各部分的名称。

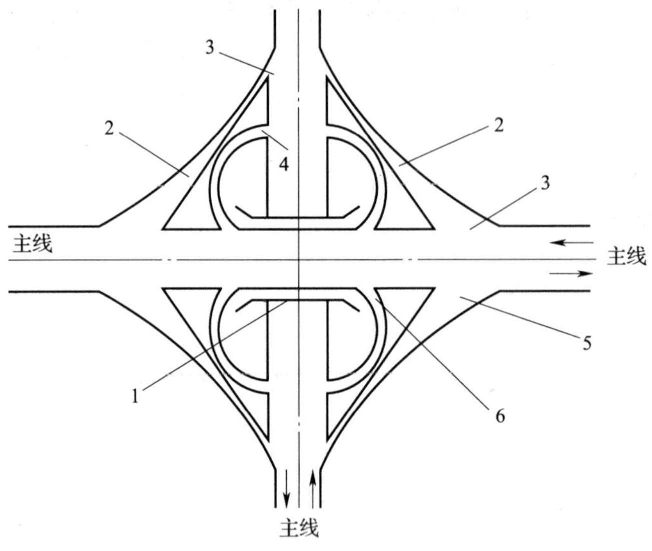

图 2—4　立体交叉形式

模块三　公路路基

课题一　路　　基

一、填空题（请将正确答案填在空白处）

1．路基的干湿类型根据含水量的大小，可分为______________、______________、______________和______________四种。

2．土按粒组可分为______________、______________和______________三类。

3．巨粒土包括______________和______________两类，其有很高的强度和稳定性，是填筑路基的良好材料。

4．路基边坡分为______________和______________两种。

5．路基边坡的常用线形有______________、______________和______________三种。

6．路基的常见病害包括______________、______________、______________和______________四类。

二、选择题（请在下列选项中选择一个正确答案并填在括号内）

1．为了减少病害，保证路基的强度和稳定性，要求路基一般处于（　　）状态。

A．中湿　　B．潮湿　　C．过湿　　D．干燥或中湿

2．取土坑深度一般不大于（　　）m。

A．1　　B．1.5　　C．3　　D．2

3．取土坑坑底纵坡坡度应不小于（　　）。

A．0.3%　　B．0.2%　　C．0.4%　　D．0.5%

4．路基滑坡属于（　　）病害。

A．路基沉陷　　B．路基滑移

C．边坡滑塌　　D．路基冰冻

5．护坡道高度 h 为 3 ~ 6 m 时，护坡道宽度 d 为（　　）m。

A．1.5　　B．1　　C．3　　D．2

三、判断题（判断正误并在括号内填“√”或“×”）

1．路基的干湿类型是指路基在夏季时所处的干湿状态。（　　）

2．粗粒土是路基填筑的理想材料。（　　）

3．巨粒土的透水性和压缩性都很大。（　　）

4．粉土是不良的公路用土。（　　）

5. 路基高度就是路基的设计标高。 ( )

6. 取土坑是路基的附属设施，只能设在路侧。 ( )

7. 弃土堆是指开挖路基所剩的土或由不宜筑路而废弃的土堆积而成的整齐土堆。 ( )

8. 为了保证路基边坡的稳定性，路基必须设置护坡道。 ( )

四、简答题

1. 路基的基本要求是什么？

2. 路基干湿类型的分类方法是什么？

3. 什么是路基宽度？

4. 什么是路基边坡？

5. 设置护坡道的目的是什么？

课题二　路基排水设施

一、填空题（请将正确答案填在空白处）

1. 边沟常用的截面形式包括__________、__________、__________和__________四种。

2. 常见的地表排水设施包括__________、__________、__________、__________和__________五种。

3. 常用的地下排水设施有__________、__________和__________三种。

4. 渗沟包括__________、__________和__________三种类型。

二、选择题（请在下列选项中选择一个正确答案并填在括号内）

1. 下列选项中属于地表排水设施的是（　　）。
   A. 渗井　　B. 渗沟　　C. 暗沟　　D. 排水沟

2. 下列选项中属于地下排水设施的是（　　）。
   A. 渗沟　　B. 排水沟　　C. 边沟　　D. 截水沟

3. 截水沟的底宽、沟深均应不小于（　　）m。
   A. 0.4　　B. 0.2　　C. 0.5　　D. 0.6

三、判断题（判断正误并在括号内填“√”或“×”）

1. 边沟、截水沟和排水沟的常用截面形式是梯形。 （ ）
2. 截水沟应尽量与绝大多数地面水流方向平行。 （ ）
3. 跌水与急流槽用于纵坡大于10%的陡坡地段。 （ ）
4. 渗井属于平式地下排水设备。 （ ）
5. 渗沟是由排水层、反滤层和封闭层组成的。 （ ）

四、简答题

1. 简述边沟的构造及布置要求。

2. 什么是地表排水设施?

3. 简述排水沟的作用、构造及布置要求。

4．什么是地下排水设施？

5．简述渗沟的作用、构造及布置要求。

课题三　路基防护与加固工程

一、填空题（请将正确答案填在空白处）

1．路基防护工程包括____________和____________两类。

2．坡面防护是指对____________的保护，包括____________和____________两类。

3．植物防护包括____________、____________和____________三种。

4．种草防护主要包括____________、____________、____________、____________和____________五种类型。

5．草皮铺砌主要包括____________、____________和____________三种形式。

6．工程防护是指使用____________、____________和____________等矿料对坡面进行的防护，主要包括____________、____________、____________和____________四种类型。

7．砌石护坡有____________和____________两种方法。

8．护面墙的作用是防止边坡冲刷及坍塌。根据需保护边坡的高度，分为____________和____________两种。

9. 冲刷防护主要有______________和______________两种。

10. 直接防护主要有______________和______________两种。

11. 石笼防护主要有______________和______________两种形式。

12. 间接防护的导流构造物主要有______________、______________和______________三种。

13. 湿软地基加固的类型主要有____________、____________和____________三种。

14. 碾压与夯实是修路、筑堤、加固地基表层及深层最常用的简易处理方法。常用的方法有______________、______________、______________和______________四种。

15. 挡土墙按设置位置不同，可分为____________、____________、____________和____________四种。

16. 挡土墙按使用条件不同，可分为____________、____________、____________和____________四种。

17. 重力式挡土墙墙身一般用______________或______________砌筑。

二、选择题（请在下列选项中选择一个正确答案并填在括号内）

1. 三维植物网防护属于（　　）防护。

A. 客土喷播　　B. 种草

C. 喷护　　D. 植树

2. （　　）防护适用于不宜种草或需要快速绿化的场合。

A. 种草　　B. 客土喷播

C. 铺草皮　　D. 砌石护坡

3. 砌石护坡属于（　　）防护。

A. 种草　　B. 工程

C. 植树　　D. 冲刷

4. 抛石防护属于（　　）防护。

A. 坡面　　B. 工程

C. 护面墙　　D. 冲刷

5. 石笼防护属于（　　）防护。

A. 种草　　B. 工程

C. 植树　　D. 冲刷

三、判断题（判断正误并在括号内填“√”或“×”）

1. 骨架植物防护是高速公路边坡防护的主要形式。（　　）

2. 湿法喷播和客土喷播均为机械化植物快速防护措施。（　　）

3. 坡面防护主要适用于草木不易生长的岩石坡面。（　　）

4. 植树适用于坡率陡于1:1的边坡或边坡以外的河岸及漫滩。（　　）

5. 换填土层法适用于浅层地基土的处理。（　　）

6. 排水固结法适用于含水量过大、土层较薄的软弱地基。（　　）

7. 加筋土挡土墙是一种很好的抗震结构物，应用较广泛。（　　）

四、简答题

1．什么是路基防护工程？

2．什么是骨架植物防护？

3．什么是喷护？

4. 什么是石笼防护？

5. 什么是冲刷防护？

6. 什么是挡土墙？它由哪几部分组成？

7. 指出图 3—1 中挡土墙的类型（按设置位置划分）。

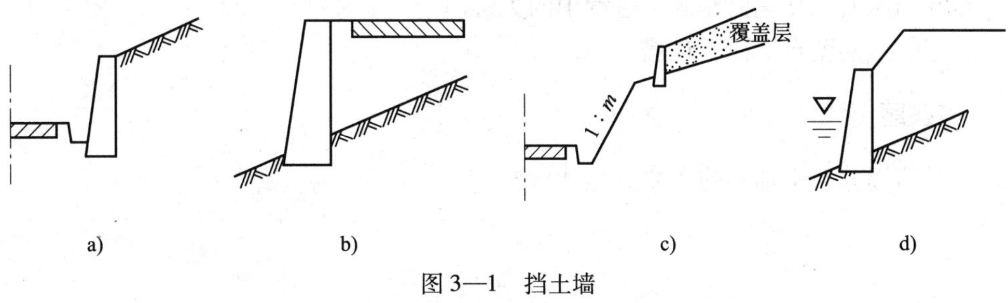

图 3—1　挡土墙

课题四　路 基 施 工

一、填空题（请将正确答案填在空白处）

1. 路基施工方法主要有______、______和______三种。

2. 路基施工大致包括施工前的______和______两项主要内容。

3. 路基施工的准备工作较多，大致包括______、______和______三项工作。

4. 土质路堤（包括石质土）按填土顺序，可分为______、______和______三种方案。其中，______是路堤填筑的基本方案。

5. 土质路堑开挖方案主要包括______、______和______三种。

二、选择题（请在下列选项中选择一个正确答案并填在括号内）

1. 路基的压实标准常用（　　）来表示。

A. 压实度　　B. 坡度　　C. 压实厚度　　D. 密度

2. 高速公路、一级公路上路床的压实度应大于等于（　　）。

A. 93%　　B. 95%　　C. 90%　　D. 94%

三、判断题（判断正误并在括号内填“√”或“×”）

1. 横挖法适用于短而深的路堑。（　　）

2. 纵挖法适用于浅而长的路堤。 ( )

3. 路基的压实工作是路基施工过程中的关键。 ( )

4. 路基的压实度自上而下递增。 ( )

四、简答题

1. 土质路堤分层平铺的施工要点是什么？

2. 路基压实的目的是什么？

模块四　公 路 路 面

课题一　路　　面

一、填空题（请将正确答案填在空白处）

1. 路拱的常用线形包括____________和____________两种。

2. 路面结构层包括____________、____________和____________三种。

3. 基层有时分为两层铺筑，其上层仍为____________，下层则称为____________。

4. 基层的主要材料包括____________、____________、____________、石灰粉煤灰、级配碎（砾）石等。

5. 底基层常用的材料有____________、____________和____________三种。

6. 路面可分为____________、____________、____________和____________四个等级。

7. 路面按力学特性划分，可分为____________和____________两种。

8. 路面按面层材料划分，可分为____________、____________、____________和____________四类。

二、选择题（请在下列选项中选择一个正确答案并填在括号内）

1. 沥青表面处治的厚度应不超过（　　）cm。

A. 3　　B. 3.5　　C. 4　　D. 1.5

2. 下列选项中属于沥青类路面的是（　　）。

A. 水泥混凝土　　B. 泥结碎石

C. 沥青混凝土　　D. 水结碎石

三、判断题（判断正误并在括号内填“√”或“×”）

1. 一般来说，高等级路面的路拱较大，低等级路面的路拱较小。（　　）

2. 路面的面层位于基层之下，可由 1 ~ 2 层组成。（　　）

3. 基层是路面结构的主要承重层。（　　）

4. 垫层所用的材料，强度不一定高，但水稳定性和保温性要好。（　　）

5. 水泥混凝土路面俗称黑色路面。（　　）

6. 泥结碎石只用于干燥路段。（　　）

7. 沥青表面处治后，可增强路面的抗磨耗能力，提高平整度，改善行车条件和延长使用年限。（　　）

四、简答题

1. 路面的基本要求是什么？

2. 什么是路拱？

3. 路面的面层、基层和垫层的作用分别是什么？

课题二　沥 青 路 面

一、填空题（请将正确答案填在空白处）

1．常见的沥青路面有____________、____________、____________、____________和____________五类。

2．沥青路面的材料主要包括____________、____________和____________。

3．反映沥青性能的指标有____________、____________和____________等。

4．集料分为____________和____________两类。

5．沥青面层的细集料可采用____________、____________和____________。

6．沥青路面按施工工艺，可分为____________、____________和____________三类。

7．沥青路面按技术性质，可分为____________、____________、____________、____________、____________和____________六类。

8．沥青路面的常见病害主要有____________、____________、____________和____________四类。

二、选择题（请在下列选项中选择一个正确答案并填在括号内）

1．沥青路面中的粗集料是指粒径大于（　　）mm 的碎（砾）石和矿渣等。

A．3.26　　B．3.5　　C．4　　D．2.36

2．车辙属于（　　）病害。

A．裂缝类　　B．松散类　　C．变形类　　D．其他

三、判断题（判断正误并在括号内填“√”或“×”）

1．沥青的针入度越小，黏性越大。（　　）

2．沥青路面都是黑色的。（　　）

3．改性沥青主要是改善沥青路面高温及低温稳定性。（　　）

4．厂拌法常用的是热拌热铺。（　　）

四、简答题

1．沥青路面的特点是什么？

2．什么是改性沥青？

3．什么是沥青表面处治？

4．什么是沥青混凝土路面？其特点是什么？

5．什么是沥青玛蹄脂碎石路面？其特点是什么？

6．简述沥青混凝土路面的施工流程。

课题三　水泥混凝土路面

一、填空题（请将正确答案填在空白处）

1．水泥混凝土路面有______________、______________、______________、______________和______________五类。

2．水泥混凝土路面的外加剂主要包括______________、______________和______________。

3．混凝土面板的接缝有______________和______________两类，且两条接缝垂直正交。

4．横向接缝分为______________、______________和______________三类。

5．水泥混凝土路面的常见病害大致分为______________和______________两种类型。

二、选择题（请在下列选项中选择一个正确答案并填在括号内）

1．水泥混凝土路面中的粗集料是指粒径大于（　　）mm 的碎（砾）石和矿渣等。

A．3.26　　B．3.5　　C．4.75　　D．2.36

2．水泥混凝土路面的坡度为（　　）。

A．1% ~2%　　B．1% ~3%　　C．1.5% ~2%　　D．2% ~3%

3．拉杆和传力杆均设在板的（　　）。

A．上边缘　　B．下边缘　　C．中部　　D．角隅

4．普通混凝土路面只在接缝区和（　　）配置钢筋。

A．上边缘　　B．边缘或角隅　　C．中部　　D．下边缘

三、判断题（判断正误并在括号内填“√”或“×”）

1．普通混凝土路面是目前使用最广泛的水泥混凝土路面。（　　）

2．水泥混凝土路面属于柔性路面。（　　）

3．水泥混凝土路面的路基必须稳定、密实、均质，还应对路面结构提供均匀的支撑。（　　）

4. 水泥混凝土板目前常使用变厚度的矩形面板。 (　　)

5. 水泥混凝土路面的路肩横向坡度宜比路面的横坡度大 1% ~2% 。 (　　)

6. 水泥混凝土路面是由多块有接缝的混凝土板构成的。 (　　)

7. 水泥混凝土路面的接缝分为真缝和假缝两种形式。 (　　)

8. 传力杆采用螺纹钢，拉杆采用光圆钢筋。 (　　)

9. 混凝土板路面只能设置成双向横坡。 (　　)

四、简答题

1. 水泥混凝土路面的特点是什么？

2. 水泥混凝土路面基层的主要作用是什么？

3. 水泥混凝土路面设置垫层的条件是什么？

4．水泥混凝土路面接缝设置的原因是什么？

5．水泥混凝土路面接缝处设置的拉杆和传力杆的作用分别是什么？

6．简述水泥混凝土路面的施工流程。

模块五　桥 涵 工 程

课题一　桥　　梁

一、填空题（请将正确答案填在空白处）

1. ______________是 1937 年由茅以升主持兴建的桥梁，这是我国自行设计、建造的第一座桥梁。

2. 2008 年 5 月 1 日建成的______________全长 36 km，是世界上最长、工程量最大的第一跨海大桥。

3. 桥梁结构由______________和______________两大部分组成。上部结构主要包括______________和______________两部分，下部结构主要包括______________和______________两部分。

4. 桥梁按主要承重结构的受力特点，可分为______________、______________、______________、______________和______________五大类。

5. 桥梁按桥长和跨径大小，可分为______________、______________、______________和______________四类。

6. 按承重结构的静力体系，梁桥可分为______________、______________和______________三类。

7. 2001 年建成的______________是目前我国跨度最大的预应力混凝土连续梁桥。

8. 简支 T 梁桥的上部结构由____________、横隔梁、桥面板、____________以及支座等部分组成。

9. 桥面系通常包括____________、____________、____________、人行道、缘石、栏杆和灯柱等。

10. 常用的桥面铺装形式有______________和______________两种。桥面铺装由______________、______________、______________和______________组成。

11. 拱桥按主拱圈的横截面形式，可分为______________、______________、______________和______________四种。

12. 板拱主要分为______________、______________和______________三种。

13. 桥面泄水管的材料为______________、______________和______________等。

14. 拱桥腹孔有______________和______________两种。腹孔墩是腹孔的支撑结构，分为______________和______________两种。

15. 悬索桥也称吊桥，由______________、______________、______________、______________和______________五部分组成。

16. 桥墩由______、______和______三部分组成。常用的桥墩按其结构形式，可分为______、______、______、______和______五种。

17. 柱式桥墩有______、______、______和______四种形式。

18. 拱桥桥墩按结构形式，分为______和______两种。

19. 基础根据埋置深度不同，分为______和______两种。

20. 根据受力条件的不同，天然地基上的浅基础分为______和______两种。

21. 桩基础按承台位置分为______和______两种，按施工方法分为______、______和______三种。

22. 沉井是井筒状的结构物，通常用______制成。沉井按平面形状，分为______、______和______三种。

23. 2008 年 9 月 1 日，中交二航局承建的______是体积最大、埋置最深的世界第一水中沉井基础。

24. 沉井的下沉方式主要有______和______两种。

二、选择题（请在下列选项中选择一个正确答案并填在括号内）

1. 1957 年我国建成的第一座长江大桥是（　　）。

A. 南京长江大桥　　B. 武汉长江大桥

C. 巫山长江大桥　　D. 重庆万县长江大桥

2. 图 5—1 中的斜拉桥属于（　　）。

A. 独塔扇式斜拉桥　　B. 双塔扇式斜拉桥

C. 双塔竖琴式斜拉桥　　D. 双塔辐射式斜拉桥

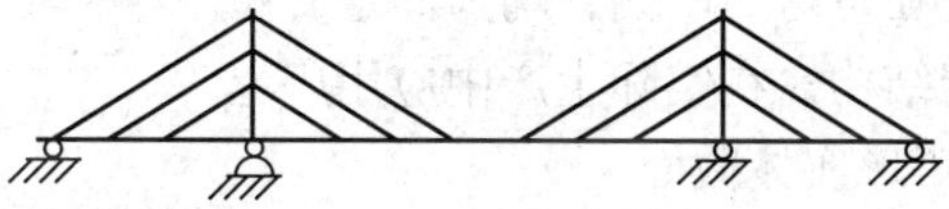

图 5—1

3. 某单孔桥的跨径为 50 m，则该桥为（　　）。

A. 特大桥　　B. 大桥　　C. 中桥　　D. 小桥

4. 梁桥的（　　）是指两相邻桥墩中线之间的距离，或桥墩中线至桥台台背前缘之间的距离。

A. 净跨径　　B. 计算跨径　　C. 标准跨径　　D. 总跨径

5. 桥台位于桥梁的（　　）。

A. 两端　　B. 1/2 处　　C. 1/4 处　　D. 1/3 处

6. 图 5—2 中的梁桥桥台是（　　）。

A. 实体重力式桥台　　B. 埋置式桥台

C. 组合桥台　　D. 轻型桥台

7. 图 5—3 中的梁桥桥墩是（　　）。

A. X 形墩　　B. Y 形墩　　C. L 形墩　　D. V 形墩

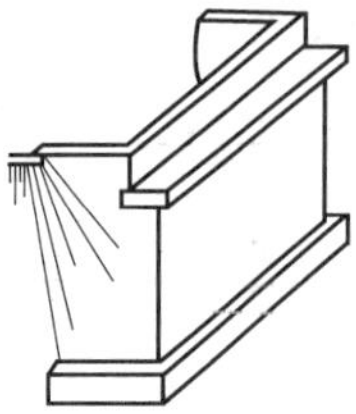

图 5—2 　　图 5—3

8. 埋置深度大于（　　）m 的基础是深基础。

A. 8　　B. 3　　C. 5　　D. 10

三、判断题（判断正误并在括号内填“√”或“×”）

1. 净跨径（梁桥）是指设计洪水位（即高水位）线上相邻两桥墩（或桥台）间的净距离，用 l_0 表示。（　　）

2. 桥长是指桥梁两端两个桥台侧墙或八字墙后端点间的距离；无桥台的桥梁为桥面系行车道长度，用 L 表示。（　　）

3. 箱梁桥的受力特点是抗弯抗扭能力特别小，结构刚度小，变形大，经济耐用。（　　）

4. 桥面系是桥梁上部结构的主要承重构件。（　　）

5. 主梁间常用的连接方法是钢板连接。（　　）

6. 桥面铺装时必须设置防水层。（　　）

7. 伸缩缝的功能是能够自由伸缩，车辆能够平稳通过，具有排水功能，且能够防止垃圾等渗入而产生阻塞。（　　）

8. 简支梁的支座布置在每跨的两端，均为固定支座。（　　）

9. 无铰拱属于超静定结构，在实际生产中应用广泛。（　　）

10. 板拱的主拱圈为矩形实体截面。（　　）

11. 箱形拱不适用于 50 m 以上的大跨径钢筋混凝土拱桥。（　　）

12. 实腹式拱上建筑的伸缩缝通常设在两拱脚的上方，并做成直线形。（　　）

13. 拱桥的防水层分为粘贴式和涂抹式两种。粘贴式效果好，造价高；涂抹式施工简便，效果差，造价低。（　　）

14. 空腹式拱上建筑适用于小跨径拱桥。（　　）

15. 斜拉桥至少有一个塔柱，根据塔柱数量可分为独塔斜拉桥、双塔斜拉桥和多塔斜拉桥三种。（　　）

16. 竖琴式斜拉桥适用于大跨径的桥梁。（　　）

17. 悬索桥的主要缺点是刚度小，在荷载的作用下容易产生较大的挠度和振动。（　　）

18. 高架桥即跨线桥，其主要特点为桥墩高度较高。高架桥多为弯桥和坡桥。（　　）

19. 所有桥梁都有桥墩。 (　　)

20. 空心桥墩适用于高桥。 (　　)

21. 单向推力墩一般不承受恒载水平推力。 (　　)

22. 刚性扩大基础的平面形状通常为矩形。 (　　)

23. 桩基础是公路桥梁中常用的一种浅基础。 (　　)

24. 我国公路桥梁的桩基础大多采用挤入法施工。 (　　)

25. 沉井是依靠自重克服井壁摩擦阻力而不断下沉至设计标高的。 (　　)

四、简答题

1. 什么是梁桥？其特点是什么？

2. 什么是预应力混凝土梁桥？

3. 梁桥支座的作用和类型分别是什么？

4．指出图 5—4 中各梁桥的类型（按静力体系划分）。

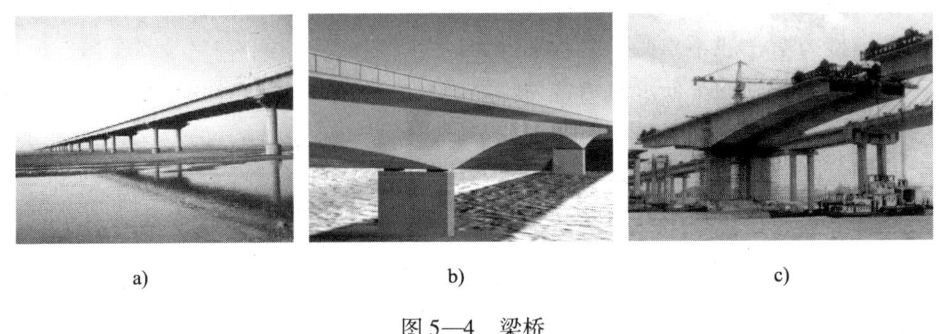

a)　　b)　　c)

图 5—4　梁桥

5．指出图 5—5 中梁桥 1、2、3、4、5、6 各部分的名称。

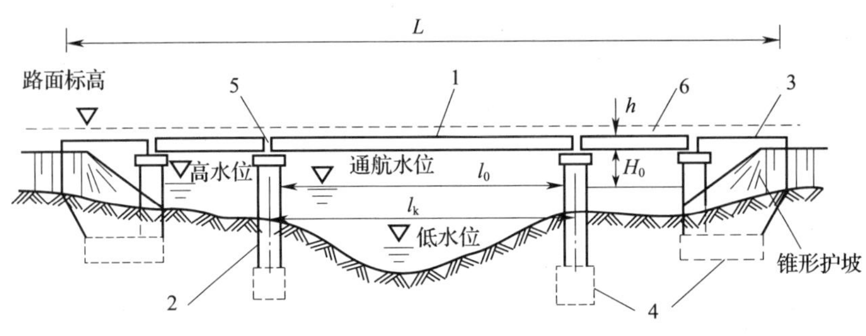

图 5—5　梁桥

6．拱桥与梁桥的主要区别是什么？

7．什么是双曲拱桥？双曲拱桥的主拱圈通常由哪儿部分组成？

8．指出图 5—6 中拱桥的类型（板拱、肋拱、双曲拱、箱形拱）。

a)

b)

图 5—6　拱桥

9．什么是斜拉桥？它由哪几部分组成？其特点是什么？

10．实体重力式桥墩的常用材料、特点及平面形状分别是什么？

11．拱桥桥墩与梁桥桥墩的主要区别是什么？

12．桩基础主要由哪几部分组成？其特点是什么？

13．沉井基础的特点是什么？

14．简述装配式预应力混凝土简支梁桥的施工流程。

课题二　涵　　洞

一、填空题（请将正确答案填在空白处）

1. 涵洞主要由______________和______________两部分组成。

2. 涵洞按构造形式，可分为______________、______________、______________和______________四类。

3. 圆管涵的洞身主要由______________和______________两部分组成，可分为______________和______________两种。

4. 拱涵的洞身由______________和______________两部分组成。

5. 盖板涵的洞身由______________、______________和______________组成。

二、选择题（请在下列选项中选择一个正确答案并填在括号内）

1. 盖板涵常用的横截面形式是（　　）。

   A. 正方形　　B. 圆弧形　　C. 卵形　　D. 矩形

2. 盖板的厚度通常为（　　）cm。

   A. 10～20　　B. 10～30　　C. 15～20　　D. 15～30

3. （　　）是最常用的洞口形式。

   A. 八字式　　B. 一字式　　C. 走廊式　　D. 平头式

三、判断题（判断正误并在括号内填“√”或“×”）

1. 洞顶有填土，且填土厚度大于50 cm的涵洞称为明涵。（　　）
2. 盖板涵的受力性能和对基础的适应性较好。（　　）
3. 箱涵一般在软土地基中采用。（　　）
4. 钢筋混凝土涵强度高，耐久性好，养护费用少。（　　）
5. 跨越深沟或高路堤时采用拱涵。（　　）
6. 圆管涵大多采用混凝土管涵。（　　）
7. 拱涵的横截面形式应用较多的是半圆形。（　　）
8. 箱涵的横截面形式一般为长方形或正方形。（　　）

四、简答题

1. 什么是涵洞？

2. 什么是正交涵洞？正交涵洞的洞口常用形式有哪几种？

3. 简述拱涵的施工工序。

课题三 隧 道

一、填空题（请将正确答案填在空白处）

1. 隧道按其位置，可分为______、______和______三种。
2. 公路隧道由______和______两部分组成。
3. 公路隧道的主体构造物包括______和______。
4. 洞身衬砌主要由______、______和______三部分组成。
5. 隧道洞门常见的三种形式是______、______和______。
6. 山岭隧道的施工方法有______和______两种。

二、选择题（请在下列选项中选择一个正确答案并填在括号内）

1. 隧道长度为（ ）m 的是长隧道。
   A. 1 000～3 000　　B. 500～1 000
   C. 大于 3 000　　D. 小于 500

2. 隧道最常用的洞门形式是（　　）。

A. 翼墙式　　B. 柱式

C. 八字式　　D. 端墙式

三、判断题（判断正误并在括号内填“√”或“×”）

1. 修建在岩层中的隧道称为土质隧道。（　　）

2. 新奥法（NATM）是新奥地利隧道施工方法的简称，在我国常把新奥法称为“锚喷构筑法”。（　　）

3. 新奥法的施工有多种方法，最常用的是全断面施工法。（　　）

四、简答题

1. 什么是隧道？

2. 什么是洞身衬砌？洞身衬砌常用的三种类型是什么？

3．简述新奥法施工要点。

4．什么是全断面隧道掘进机？

模块六　公路沿线设施

一、填空题（请将正确答案填在空白处）

1. 护栏按其构造形式，可分为____________、____________和____________三种。

2. 隔离设施包括____________、____________、____________和____________等形式。

3. 视线诱导设施主要包括____________、____________和____________三种。

4. 交通管理设施主要包括____________、____________和____________三种。

5. 交通标志包括____________和____________两大类。

二、选择题（请在下列选项中选择一个正确答案并填在括号内）

1. 图 6—1 所示交通标志是（　　）。

   A. 禁令标志　　　　B. 指路标志

   C. 警告标志　　　　D. 指示标志

2. 图 6—2 所示交通标志是（　　）。

   A. 警告标志　　　　B. 指路标志

   C. 指示标志　　　　D. 禁令标志

图 6—1

图 6—2

三、判断题（判断正误并在括号内填“√”或“×”）

1. 混凝土墙式护栏属于刚性护栏。（　　）
2. 波形护栏属于柔性护栏。（　　）
3. 隔离设施主要是指针对高速公路和一级公路进行隔离的构造物。（　　）
4. 视线诱导设施是沿车道一侧进行设置的。（　　）
5. 公路主线以外绿化的目的是为了保护生活、农业和自然环境等。（　　）

四、简答题

1．什么是交通安全设施？

2．什么是视线诱导设施？

3．指出图 6—3 中各交通标志的含义。

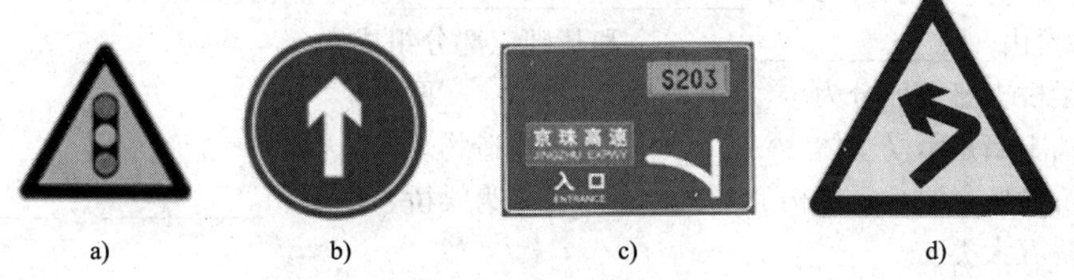

a)　　b)　　c)　　d)

图 6—3　交通标志

4．我国公路绿化主要包括哪些内容？

综合试卷一

一、填空题（请将正确答案填在空白处。每空 1 分，共 20 分）

1. 我国第一条正式意义上的高速公路是______________。

2.《公路工程技术标准》根据使用任务、______________和______________将公路划分为五个等级。

3. 平曲线半径__________时，应在__________侧进行加宽。

4. 公路平面线形最基本的组合形式是______________。

5. 路面等级按技术条件，划分为______________、次高级路面、______________和低级路面。

6. 纵断面图上的设计线是由______________和______________组成的。

7. 我国公路竖曲线设计的基本线形是______________。

8. 间接防护常用的形式有__________、__________和导流构造物。

9. 桥台由__________、__________和基础三部分组成。

10. 梁桥支座一般分为__________和__________两种。

11. 挡土墙是承受土体__________的墙式构造物。

12. 桥梁按主要承重结构的受力特点，可分为梁桥、拱桥、__________、__________和组合体系桥五大类。

二、选择题（请在下列选项中选择一个正确答案并填在括号内。每题 3 分，共 30 分）

1. 两同向曲线不得以短直线相连。其最小长度应不小于（　　）倍行车速度。

A. 2　　B. 4　　C. 6　　D. 8

2. 保证路基正常干湿类型所采用的界限高度称为（　　）。

A. 路基临界高度　　B. 路基填土高度

C. 路基稳定高度　　D. 路基工作高度

3. 桥涵工程中常用的石料是（　　）。

A. 片石　　B. 块石　　C. 粗料石　　D. 细料石

4. 下列交通安全设施中利用塑性变形来吸收碰撞能量的是（　　）。

A. 混凝土护栏　　B. 波形梁护栏

C. 缆索护栏　　D. 隔离栅

5. 在结构上，桥台与桥墩的主要不同之处是（　　）。

A. 传递荷载　　B. 抵御路堤土压力

C. 调节水流　　D. 支撑上部结构

6. 最大纵坡的限制应主要考虑（　　）时汽车行驶的安全。

A. 下坡　　　　B. 上坡　　　　C. 平坡

7. 在路基常见的病害中，由于地基压实不足、基底软弱处理不当而引起的病害是（　　）。

A. 路堤沉陷

B. 路堤沿山坡滑动

C. 路堤边坡滑移

8. 高路堤一般是指（　　）。

A. 填土高度在 12 m 以下的路堤

B. 填土高度在 20 m 以上的路堤

C. 边坡采用 1∶1.5 的路堤

9. 高速公路和一级公路容许的交通组成是（　　）。

A. 专供小客车行驶

B. 混合交通行驶

C. 专供汽车行驶

10. 沥青表面处治厚度应为（　　）cm。

A. 2　　　　B. 4　　　　C. 5　　　　D. 6

三、判断题（判断正误并在括号内填"√"或"×"。每题 2 分，共 20 分）

1. 梁式桥的主要承重结构是拱圈或拱肋。（　　）
2. 防水层有涂抹式和粘贴式两种，其中粘贴式效果较好。（　　）
3. 位于行车道外缘与路基边缘间的横断面部分称为变速车道。（　　）
4. 平曲线内侧设置加宽的原因是防止因半径过小而导致汽车内侧后轮驶出路面。（　　）
5. 设置缓和曲线的主要目的是使路容美观。（　　）
6. 互通式立体交叉由跨线桥、匝道、出口、入口、减速车道和加速车道等部分组成。（　　）
7. 半填半挖路基可作为路堤的一种基本形式。（　　）
8. 重力式桥墩主要靠自身重力来平衡外力而保持平衡。（　　）
9. 平曲线中，圆曲线半径越小越好。（　　）
10. 路基防护的重点是边坡的防护。（　　）

四、简答题（每题 6 分，共 30 分）

1. 如何限制超高横坡度的值？

2. 圆曲线的三个最小半径分别是什么？它们的含义分别是什么？

3. 路面的基本要求是什么？

4. 什么是路基宽度？

5. 路面结构层包括哪几层？其作用分别是什么？

综合试卷二

一、填空题（请将正确答案填在空白处。每空 1 分，共 20 分）

1. 桥墩由__________、__________和__________三部分组成。

2. 在公路平面设计中，行车视距包括____________、____________和____________三种。

3. 标准的路基横断面有__________、__________、__________和__________四种。

4. 我国公路缓和曲线使用的线形是__________。

5. 梁桥上部结构由____________和____________两部分组成。

6. 涵洞按洞顶填土，分为____________和____________两种。

7. 双曲拱桥由__________、__________、拱板和横向联系四部分组成。

8. 中间带包括__________和两个左侧__________。

9. 为防止活载、温度、收缩影响拱上建筑，产生不规则裂缝需设置__________。

二、选择题（请在下列选项中选择一个正确答案并填在括号内。每题 3 分，共 30 分）

1. 保证路基正常干湿类型所采用的界限高度称为（　　）。
   A. 路基临界高度　　B. 路基填土高度
   C. 路基稳定高度　　D. 路基工作高度

2. 桩式桥墩一般由（　　）组成。
   A. 盖梁和立柱　　B. 盖梁和桩
   C. 承台和立柱　　D. 承台和桩

3. 确定公路等级的主要依据是（　　）。
   A. 设计车速　　B. 计算行车速度
   C. 交通量

4. 高路堤一般是指（　　）。
   A. 填土高度在 12 m 以下的路堤
   B. 填土高度在 20 m 以上的路堤
   C. 边坡采用 1∶1.5 的路堤

5. 目前在公路上采用的路拱形式是（　　）。
   A. 直线形　　B. 二次抛物线形
   C. 直线加曲线形

6. 路基下有泉眼时，可采用（　　）引导水流至路基外。
   A. 渗沟　　B. 排水沟
   C. 渗水井　　D. 暗沟

7. 两反向曲线不得以短直线相连。其最小长度应不小于（　　）倍行车速度。

A. 4　　B. 6　　C. 2　　D. 8

8. 在路面分级中，属于高级路面的是（　　）。

A. 水泥混凝土　　B. 沥青表面处治

C. 沥青灌入式　　D. 级配碎石

9. 下列概念中，与河流低水位有关的是（　　）。

A. 净矢高　　B. 建筑高度

C. 桥梁高度　　D. 桥下净空高度

10. 某单孔桥的跨径为 50 m，按 2006 年技术标准规定，该桥为（　　）。

A. 特大桥　　B. 大桥　　C. 中桥　　D. 小桥

三、判断题（判断正误并在括号内填"√"或"×"。每题 2 分，共 20 分）

1. 钢筋混凝土结构是由两种机械性能一致的材料组合而成的。（　　）
2. 水泥混凝土路面传力杆常采用螺纹钢筋，以利于传递荷载。（　　）
3. 桥梁的基本尺寸主要是指长度和宽度两个方向的尺寸。（　　）
4. 公路平面线形通常由直线段和曲线段组成。（　　）
5. 沥青混凝土路面具有施工进度快、开放交通快的优点。（　　）
6. 坡长是指两变坡点间的水平距离。（　　）
7. 立体交叉由主线驶入匝道的路口称为该立体交叉的入口。（　　）
8. 跌水和急流槽作用相近，但形式不同。（　　）
9. 设置曲线加宽的原因是防止横向力过大，以免导致汽车侧移倾覆。（　　）
10. 路基防护的重点是边坡的防护。（　　）

四、简答题（每题 6 分，共 30 分）

1. 我国公路按《公路工程技术标准》可分为哪几个等级？

2. 缓和曲线的特点是什么？

3. 简述平、纵线形组合的基本原则。

4. 什么是涵洞？

5. 什么是沥青混凝土路面？

综合试卷三

一、填空题（请将正确答案填在空白处。每空 1 分，共 20 分）

1. 路肩分为__________和__________两种。

2. 桩基础是一种__________基础。

3. 路堤填筑方案包括__________、__________和混合填筑三种。

4. 涵洞按构造形式，可分为__________、__________、__________和__________四种。

5. 合成坡度是由超高坡度和______________合成的。

6. 路面等级按技术条件，划分为高级路面、____________、____________和低级路面。

7. 地下排水设施主要有____________、____________和渗井。

8. 高速公路、一级公路远景设计年限为__________年。

9. 按承重结构的静力体系，梁桥可分为____________、____________和____________三类。

10. 重力式桥台常用的是 U 形桥台，由__________、__________、基础和两侧的翼墙四部分组成。

二、选择题（请在下列选项中选择一个正确答案并填在括号内。每题 3 分，共 30 分）

1. 新建公路路基设计标高一般以（　　）标高为准。
   A. 路基中心
   B. 加宽后的公路内侧边缘
   C. 未加宽前的路基外侧边缘

2. 目前在公路上采用的路拱形式是（　　）。
   A. 直线形　　　　B. 二次抛物线形
   C. 直线加曲线形

3. 高路堤一般是指（　　）。
   A. 填土高度在 12 m 以下的路堤
   B. 填土高度在 20 m 以上的路堤
   C. 边坡采用 1∶1.5 的路堤

4. 路基防护和加固的重点是（　　）。
   A. 边沟　　B. 路肩　　C. 路基边坡　　D. 路基土体

5. 新建公路超高设置方式常以（　　）为旋转轴。
   A. 路肩外边缘　　　　B. 行车道外边缘
   C. 行车道内边缘　　　　D. 路中线

6. 水泥混凝土路面纵缝需设置（　　），以防间隙扩大。

A. 传力杆　　B. 拉杆　　C. 锚杆　　D. 圆钢筋

7.《公路工程技术标准》中关于公路分级的依据是（　　）。

A. 计算行车速度　　B. 车辆荷载

C. 适应的交通量　　D. 设计车辆尺寸

8. 下列选项中不属于地表排水设施的是（　　）。

A. 截水沟　　B. 边沟　　C. 渗沟　　D. 排水沟

9. 重力式桥墩的优点是（　　）。

A. 承载力大　　B. 节约圬工材料

C. 自身质量小　　D. 轻巧美观

10. 水流深度小于洞口高度，洞内水流均具有自由水面的涵洞称为（　　）。

A 倒虹吸管　　B. 无压力式涵洞

C. 半压力式涵洞　　D. 有压力式涵洞

三、判断题（判断正误并在括号内填“√”或“×”。每题2分，共20分）

1. 路基滑坡是路基常见的一种病害。（　　）
2. 公路交通量是指在一定时间内，通过某一横截面的单方向车辆总数。（　　）
3. 组合体系梁是利用梁、拱、吊三者的不同组合形成的。（　　）
4. 拱桥起拱线垂直于桥纵向。（　　）
5. 纵坡坡长是指两变坡点的倾斜长度。（　　）
6. 同一桥梁，其净跨径大于其计算跨径。（　　）
7. 桥梁的基本尺寸主要是指长度和宽度两个方向的尺寸。（　　）
8. 平曲线中，圆曲线半径越大越好。（　　）
9. 路基防护的重点是边坡的防护。（　　）
10. 梁式桥的主要承重结构是拱圈或拱肋。（　　）

四、简答题（每题6分，共30分）

1. 路基的基本要求是什么？

2. 什么是挡土墙？它由哪几部分组成？

3. 平曲线加宽的原因是什么？

4. 纵断面设计中最大坡长限制的原因是什么？

5. 桥面是由哪几部分组成的？